Ética, medo ε esperança

Coleção Miniensaios de Filosofia
Autores: Flávio Tonnetti e Arthur Meucci

- *Amor, existência e morte*
- *Desejo, vontade e racionalidade*
- *Ética, medo e esperança*

Dados Internacionais de Catalogação na Publicação (CIP)
(Câmara Brasileira do Livro, SP, Brasil)

Tonnetti, Flávio
Ética, medo e esperança / Flávio Tonnetti, Arthur Meucci. – Petrópolis, RJ : Vozes, 2013. – (Coleção Miniensaios de Filosofia)

ISBN 978-85-326-4363-6

1. Esperança 2. Ética 3. Medo I. Meucci, Arthur. II. Título. III. Série.

12-03367 CDD-128.3

Índices para catálogo sistemático:
1. Ética, medo e esperança : Filosofia 128.3

Flávio Tonnetti
Arthur Meucci

Ética, medo ε esperança

EDITORA
VOZES

Petrópolis

Rua Frei Luís, 100
25689-900 Petrópolis, RJ
Internet: http://www.vozes.com.br

Diretor editorial
Frei Antônio Moser

Editores
Aline dos Santos Carneiro
José Maria da Silva
Lídio Peretti
Marilac Loraine Oleniki

Secretário executivo
João Batista Kreuch

Editoração: Rachel Fernandes
Projeto gráfico: Victor Mauricio Bello
Capa: Mariana Ferreira/ Estúdio Sambaqui

ISBN 978-85-326-4363-6

Editado conforme o novo acordo ortográfico.

Este livro foi composto e impresso pela Editora Vozes Ltda.

Apresentação

A série Miniensaios de Filosofia é um convite para que o leitor tome contato com grandes temas do universo filosófico. Cada volume possui pequenos ensaios sobre três importantes questões filosóficas, tratadas a partir de diferentes abordagens. Assim, acreditamos poder oferecer perspectivas e pontos de vista variados sobre cada tema, para que o interessado em filosofia possa compreendê-la como campo de debates e incertezas. Ao longo do livro, encontraremos perspectivas diferentes sobre cada um dos três temas, às vezes complementares, às vezes contraditórias.

Além disso, o leitor observará que cada ensaio possui símbolos que remetem imediatamente aos temas do livro, sendo possível procurar pelos símbolos ao longo do livro e ler primeiro o tema que mais captou seu interesse. Isto possibilita um tipo diferente de leitura, um modo não linear de percorrer o livro. Além desse recurso, relacionamos em algarismos romanos, ao final de cada ensaio, o número de outros ensaios que podem ter alguma relação com aquele que você está lendo. Esperamos oferecer, deste modo, experiências variadas de contato com o livro, de modo que você possa criar o percurso que achar mais conveniente – e agradável.

Boa leitura!

No mundo há muitas armadilhas
e o que é armadilha pode ser refúgio
e o que é refúgio pode ser armadilha.

Ferreira Gullar

I

Ensinavam os filósofos gregos que o fim último da ética é a *eudaimonia.* O famoso conceito grego define nossa busca pelo Supremo Bem – em outras palavras, por uma vida orientada pelas ações que sejam em si mesmas boas.

Para Aristóteles, todos os seres possuem uma função natural e o homem não seria uma exceção. As escolhas virtuosas devem se orientar pela busca da adequação entre o que fazemos e o nosso sentimento de bem-estar; como o sábio artesão que faz escolhas pessoais e profissionais que contribuam para que ele trabalhe bem naquilo que gosta.

Os epicuristas ensinavam que a busca pela felicidade só seria possível se nos orientássemos pela busca dos prazeres como valor. Se toda ação é movida pelo desejo ou pela ausência de dor, caberia então refletir quais os desejos e receios seriam bons para nós e quais não seriam.

Já os estoicos ensinavam que o caminho da boa vida é mais racional que prazeroso. Eles diziam que a boa ação deveria ser orientada para evitar as tristezas e preservar a alegria. As pessoas felizes viveriam a própria vida e as cronicamente tristes seriam moralmente desorientadas e viveriam estendendo suas infelicidades para os outros através de ações reprováveis.

Para muitos filósofos, a ética se insere na jornada existencial das pessoas sábias pela busca de uma vida prazerosa e alegre.

> **"Navegando por estes capítulos, você encontra ensaios afins e cria uma nova ordem de leitura!"**

III * VII * XIII * XXII * XXXI

II

O medo é resultado da dúvida; produto de nosso desconhecimento sobre todas as coisas que nos cercam; sumo de um desconhecimento que é mais profundo ainda: o desconhecimento sobre nós mesmos. Frágeis em nossa individualidade, frente a um mundo que nos ameaça e nos contesta, ficamos em apuros. Somos crianças em uma escada espiralada, assombradas rumo a um infinito. Casarões com fantasmas e céus sem estrelas: não há onde se esconder e não há luz pela qual se guiar. Vamos seguindo sem saber o destino...

E, imersos neste labirinto de encruzilhadas, a vida nos pede velocidade quando já não somos leves; quer nos levar a caminhos escuros pouco breves; exige-nos escalar para pontos distantes, como se fôssemos um pequeno pássaro voando para além das nuvens. Em direção ao sol ficamos cegos.

Ícaro no infinito: quanto maior o sonho, maior a queda. Na sombra absoluta ou na luz extrema, nossa visão nada revela – não se vê a que caminho estamos sendo conduzidos. Tampouco somos capazes de enxergar de onde viemos. Solidão tão necessária é esta que chamamos existência: este quarto de luzes apagadas ou esta claridade desértica.

A vida é um eterno andar de costas. E seguimos como o Curupira: olhando o passado e despistando o destino. Temos medo porque não sabemos o futuro.

XIII * XIV * XXVIII

III

Esperança é viver do avesso. É considerar que há uma vida apesar da morte. E é pensar que há uma vida em relação à morte. Porque vida e morte são dimensões de uma mesma coisa. Mas, a partir da morte, podemos encarar a esperança de viver de dois modos singulares e completamente distintos.

O primeiro é considerar que podemos viver em esperança, pois a vida não se limita a uma única experiência – haveria, portanto, uma dimensão para além da morte, uma espécie de vida depois da vida. E haveria vida após a morte, porque não poderíamos aceitar que a vida se resumiria a isto: a este pequeno caminho, a esta pequena estrada que atravessamos. Esperança é, neste sentido, esperança de viver para sempre. É superar a vivência da morte no prolongamento da existência.

O segundo modo é encarar a morte como o fim da linha. Considerando que a vida – este espetáculo com começo, meio e fim – deve ser aproveitada tendo em vista um determinado tempo. Vida e tempo se entrelaçam, porque viver não é encontrar-se com o infinito. Esperança é encarar a vida como um desafio: O que podemos fazer e o que somos capazes de fazer neste tempo que nos foi dado? – e que em duração desconhecemos? Esperança é acreditar que podemos viver muitas experiências em uma única experiência.

Num ou noutro modo, em qualquer que seja nosso entendimento sobre o que é a vida, algo permanece: a condição da esperança é ser um mistério.

IV

ϴ

O imperativo do agir é o corpo. Devemos fundar uma ética baseada nas sensações. Não há ação sem substrato físico, o que significa que nenhum comportamento é possível sem que estejamos encarnados. Fora do corpo não há vida. E fora da vida não há sensações.

Todas as virtudes são virtudes do corpo. É o corpo quem nos conduz às verdades sobre a ética. Nossos órgãos sensoriais são capazes de traduzir as ações que nos afetam em juízos de valor. É com base no que sentimos que podemos mensurar se uma coisa é boa ou má, justa ou injusta. Através das categorias sensoriais de prazer e dor somos capazes de construir uma gramática das ações humanas, um repertório de comportamentos adequados ou inadequados à nossa própria felicidade.

E nosso corpo não nos informa como algo externo a nós, como uma voz que se escuta ao longe: somos nós mesmos que falamos, somos corpo e nada mais. Perceber o corpo é conectar-se consigo mesmo.

De modo semelhante, nosso corpo informa-nos imediatamente sobre a adequação ou não de nosso comportamento e de nossa postura diante do mundo. No corpo do outro vejo o reflexo de minhas realizações sobre o mundo: no prazer do outro e em sua dor também me conduzo.

O corpo é o baluarte da ética. Estar eticamente seguro é estar sensível ao corpo, perceber o corpo como fim e meio para a realização de uma boa vida, de uma vida feliz.

O corpo não nos engana na tarefa da felicidade.

XIII * XXII * XXVI * XXVIII

V

Somos os filhos do medo; nosso parceiro em vários momentos da vida, constituidor de nosso caráter e de nosso modo de agir. Junto com o amor, o medo está na origem de nossa relação com o mundo.

Nascemos chorando, aterrorizados com uma existência fora da proteção do útero. Sentimos a dor do parto, o frio do ambiente, as luzes machucando nossos olhos e a possibilidade imediata de sofrer até morrer. No colo tranquilizador, oferecido pelo amor de nossas mães, sabemos que sem seus braços podemos cair, nos desfazer ou morrer, sem amparo. Na segurança materna nos protegemos de uma infantil fantasia aniquiladora.

Quando crescemos, sentimos outros medos que também participam de nossa personalidade. A punição pelas nossas atitudes erradas, a rejeição dos outros por sermos quem somos – e do modo que somos –, a vergonha da crítica alheia, o horror de sermos violentados, as angústias sentidas pela possibilidade do fracasso, o terror de ficar sozinho ou de ser perseguido. Todas estas angústias preocupam nossos pensamentos e influenciam na maneira como nos relacionamos com o mundo.

A forma como lidamos com o medo revela muito sobre nós mesmos. Há quem tenha raiva e coragem para enfrentá-lo, há os prudentes que pensam na melhor maneira de controlá-lo e há os que se acovardam quando se deparam com uma ameaça. Nossa postura diante da vida é uma resposta aos medos que nos marcaram.

XXII * XXVI * XXVIII

VII

ϴ

Poderia a felicidade fundamentar eticamente nossas ações? Parece plausível que exista uma ligação entre o bem e a felicidade, porém, essa associação aparente pode ser facilmente questionada quando analisamos as ações morais com maior atenção.

Os atos heroicos ao salvar companheiros em campos de batalha, a coragem dos policiais que arriscam suas vidas para salvar outras ou a sinceridade do pai e do professor que tem que dizer verdades para quem não as quer ouvir são provas de que nem sempre agimos pensando na felicidade, pois podemos arriscar nossas vidas e nosso bem-estar no intuito de cumprir um dever ético.

Se a busca da alegria fosse o motor de nossas ações, então a natureza seria incoerente. Se o importante é agir bem, ela deveria nos privar da razão e nos dar respostas programadas para a vida, como acontece com os outros animais. Mas, se desenvolvermos a habilidade de pensar é porque nossas ações não devem ser pautadas pelos instintos. Muitas de nossas deliberações morais colocam em risco nosso conforto e nossa alegria ou mesmo a nossa própria vida.

A finalidade da ética só pode ser entendida ultrapassando a naturalização do agir – alcançando uma consciência ética que nos seja própria, e em que possamos então, a partir dela, definir nosso comportamento. Para além das justificativas naturais, viver com ética é seguir raciocinando sobre a própria vida e sua relação com os outros.

I * X * XXII * XXV * XXXII

VIII

O medo pode ser um sinal do desejo, explicava Sigmund Freud. Seja em sonho ou em breves fantasias angustiantes de seus pacientes, os psicanalistas observam que muitas vezes os temores revelam um impulso recalcado que, por vergonha ou condenação moral, não podem ser aceitos e passam a ser temidos. O medo é um sintoma.

Muitas mulheres manifestavam medo da gravidez e, na primeira relação sexual, engravidavam. As sexualmente reprimidas contavam, horrorizadas, seus medos de serem estupradas ou de se relacionarem com noivos tarados. Os homens que manifestavam repúdio às mulheres autoritárias, e que não aceitavam sua inclusão no mercado, acabavam se casando com esposas extremamente controladoras e impositivas. Os jovens, que ficavam apreensivos em fazer as provas, ficavam doentes no dia do exame. Todos os medrosos, estranhamente, eram confrontados com aquilo que os ameaçava.

Os conteúdos reprimidos, através da dinâmica de repressão inconsciente, transformam os impulsos genuínos em seus opostos para despistar nossa moralidade: amor em ódio, covardia em prudência. Com nossos tesões e nossas libidos amorais, somos muitas vezes socialmente acusados por nossas preferências e pressionados a repudiar aquilo que gostamos – nós então nos disfarçamos.

Violência, abuso, preconceito, pansexualidade, sadismo, radicalidade... Tudo aquilo que tememos são expressões invertidas daquilo que gostaríamos de experimentar.

V * XIII * XXII * XXVIII

IX

No conjunto de histórias da mitologia grega encontramos uma sobre a criação dos seres humanos, feitos a partir de uma obra de Prometeu, que teria roubado o fogo dos deuses e entregue aos homens, como modo de garantir-lhes a sobrevivência – trapaça que o condenou a uma prisão e tortura muito peculiares. A criação da primeira mulher teria sido posterior. Feita pelos deuses, Pandora teria sido enviada à Terra como um presente ou como uma maldição – o que varia conforme a versão do mito.

Numa delas, casa-se com Epimeteu, irmão de Prometeu – responsável pela situação que o conduziu a roubar os deuses – e recebe como presente de casamento uma caixa com virtudes. Ao deixá-la aberta, todas escapam, restando apenas a Esperança.

Numa versão diferente, seria a própria Pandora o presente dado pelos deuses. Curiosa, teria encontrado nas coisas de Epimeteu uma caixa. Dentro da caixa estariam todas as desgraças. Ao abri-la, todo o mal teria escapado, conservando-se apenas a esperança. A mulher teria sido enviada com o intuito de punir os homens por portarem o fogo sagrado.

A esperança seria, na segunda acepção, algo ruim: antevisão do futuro, obrigaria o homem a confrontar-se com a morte, impedindo a realização de uma vida tranquila. Livres do mal, que é a esperança, teríamos a chance de nos conduzirmos apesar de todos os males, sem que a consciência da morte nos rondasse a todo instante.

II * XIV * XXII

X

A justiça é o fracasso da ética. Precisamos recorrer à justiça porque nem sempre somos capazes de agir eticamente. Num mundo em que a conduta ética é predominante não há litígio: a compreensão mútua é a moeda de troca, e o agir é guiado por um bom-senso universal, uma razão imperativa que faz com que todos se respeitem em suas múltiplas experiências de encontro com o outro. Se todos se baseiam sobre a justa ação, não há desavença a ser corrigida, não há excesso ou pecado. De modo que os tribunais se tornariam dispensáveis.

Se não é preciso tribunal, não são necessárias as leis – já que estão assentadas na dificuldade que o indivíduo tem de seguir condutas autodeterminadas ou de se enquadrar às regras estabelecidas pelo grupo social do qual faz parte. O próprio Estado, como detentor do poder de elaboração das leis e normas, construiu-se sobre a ideia de fracasso do indivíduo, sobre sua incapacidade de agir eticamente em cem por cento das vezes em que atue sobre o mundo.

Somente invocamos a justiça quando percebemos a injustiça por perto, a nos rondar. Para que seja realizada a justiça é preciso prever esta falência, este abuso de um sobre o outro, esta fragilidade, esta incoerência da razão no curso da ação, esta desgraça congênita que é a marca da condição humana: realizar a justiça é prever um crime.

XVIII * XIX * XXI * XXV * XXVI * XXXII

XI

♈ ⊖

Agimos de acordo com nossos medos. É pela fuga do medo que construímos nossa ética. Se somos todos selvagens, estrangeiros uns dos outros ou lobos de nós mesmos, não há qualquer possibilidade de vida tranquila. E se não vivemos tranquilos, não há esperança. Porque da intranquilidade não nascem frutos. E por isso nos protegemos, buscamos abrigo num acordo com os outros. Mas até que ponto esta tranquilidade é realmente possível? A solução hobbesiana para garantir a segurança à espécie humana foi a criação da sociedade, o estabelecimento de um contrato. Mas como entrar em sociedade num mundo de selvagens? Não há qualquer garantia espontânea de que iremos nos manter em acordo por livre escolha. O que queremos sempre é usurpar o outro. Nossa ética é uma ética da necessidade. Hobbes estava enganado ao considerar que a criação de um soberano, materializado na figura de um rei ou de um Estado, seria capaz de nos aliviar o medo ou corrigir nossas condutas. Não, ao contrário: instaura um medo agora burocratizado, um medo que se traveste de segurança. O filósofo inglês errou e, ao se equivocar, arrastou-nos todos para um buraco. Tirou do indivíduo a força violenta de sua individualidade e o submeteu ao jugo dos outros. Viramos escravos de uma entidade abstrata chamada governo. Somos peças inertes frente a uma ideia falsa e aniquiladora chamada democracia.

III * V * XIV

XII

Qualquer crença sobre a existência deve incluir o outro. Nosso futuro não pode ser concebido de modo solitário. Viver é compartilhar com o outro a vida. De modo que aquilo que pensamos sobre nós mesmos deve ser pensado levando em conta a presença de outros, como se nossa vida fosse também uma esperança na vida dos outros. E podemos pensar que somos uma esperança, uns para os outros, porque somos espelhos uns dos outros. A ideia de entrega, presente no ato de caridade, revela essa dimensão altruísta.

Esta espécie de desprendimento repousa no sentimento, ou na consciência, de que o meu agir transborda para além de mim mesmo. Com uma consciência de que meu agir não se limita ao meu próprio corpo ou ao pequeno espaço em que minhas ações acontecem. E, mais ainda, na consideração de que minha própria consciência pode habitar a consciência de outros. Como se nossas ações e manifestações imprimissem um carimbo naquilo que os outros são. E como se eu mesmo, ao deixar esta marca no outro, recebesse também dele algo que me é importante e valioso, como se fôssemos carimbos duplos – daí a ideia de que espelhamos uns aos outros, ou de que somos todos irmãos.

Mais do que não poder fugir de nós mesmos, não podemos fugir a esta experiência de entrega que é dar-se para o outro. Ser é *ser em entrega.*

XVI * XIX * XXXI

XIII

ϴ

A ética faz parte de nossa condição humana, da definição de quem realmente somos. Nosso caráter se revela quando temos que tomar uma atitude.

O homem precisa pensar antes de agir. Macacos, aves, peixes e borboletas não precisam fazer escolhas para viver. Simplesmente seguem seus instintos como a natureza os programou. Não possuem dilemas morais, somente respostas automáticas para as dificuldades que se apresentam.

O homem não nasce pronto, nem vem ao mundo com um manual de instruções. Nasce despreparado para existir. Não temos habitat natural, nem instinto que oriente as relações sociais. Diante dessa terrível constatação, muitos tentam se iludir sobre uma possível superioridade humana ou sobre uma origem comum com um ser onipotente e imortal.

Na saga cotidiana, muitas são as possibilidades de escolha e poucos os caminhos fáceis para seguir. Como não sabemos as respostas *a priori*, as chances de errar são grandes. Só temos nossa pequena razão como guia frente às adversidades.

O homem se define para os outros através de suas escolhas e atitudes. O discurso que fazemos sobre nós é ineficaz perante nossas ações. Dizer-se pontual e não chegar no horário, ou se definir como diplomático e depois brigar, revela dissonância entre discurso e prática. E, no final, sabemos que ações contam mais do que palavras. Vitória da ética sobre o marketing pessoal.

IV * XII * XVII * XXII * XXVI
XXVIII * XXIX * XXXIII

XIV

O medo é o avesso da esperança. Se no medo o que temos é a expectativa de um mal que nos possa ocorrer, na esperança aguardamos por um bem. De modo semelhante, em ambos os casos, nos colocamos numa situação de espera – por um futuro indecifrável. O que temos nas duas situações é uma ocasião de questionamento e incerteza. Poderíamos assumir que a posição esperançosa é uma forma otimista de encarar a vida, e o medo um sinal de pessimismo. Mas vamos assumir como uma verdade inabalável que o futuro oscile em nos entregar coisas boas e más – lembrando que as coisas que nos acontecem não são boas ou más em si mesmas, mas apenas de acordo com o julgamento que fazemos delas e de acordo com nossos próprios desejos. Pois, se assumimos isso, sabemos que ao esperançoso um futuro ruim causará muita decepção. Esperando as glórias dos dias melhores, nada bom lhe ocorreu e agora está frustrado. Ao contrário, aquele que espera a desgraça, pois teme o futuro, ficará feliz quando o tempo lhe entregar algo bom. Assim, viver com medo seria uma posição mais otimista que viver com esperança. Ao subestimar o futuro, teríamos mais chances de chegar ao ótimo, já que com o medo nossas expectativas são muito baixas. Ao passo que supervalorizando o futuro, numa atitude esperançosa, temos grande chance de ir ao encontro do péssimo e da decepção, já que almejamos sempre uma melhoria incessante e insustentável.

XV

Trabalho é a modificação do mundo. Quando assumimos as consequências das tarefas que desempenhamos, abrimos caminho para direcionar melhor os resultados daquilo que fazemos. Quando trabalhamos, devemos partir do princípio de que exercemos sobre o mundo uma ação consciente que visa uma mudança – muitas vezes com o objetivo de construir algo que antes não estava lá. Assumimos assim a responsabilidade sobre os frutos do nosso suor.

Nosso trabalho é continuidade de nós mesmos – crença que um porvir melhor é possível. De modo otimista, nós projetamos o resultado de nossas ações, e demonstramos a possibilidade e a realização da esperança. Aquele que trabalha dá, portanto, indícios para todos de que podemos modificar o mundo para melhor. O trabalhador é como um pastor que vai ao púlpito da igreja pregar renovação – anunciar um paraíso construído.

Crer na modificação do mundo e de si mesmo por meio do próprio agir é ter esperança. Mas se o futuro é melhor, modificamos o presente porque ele não se presta às necessidades que temos. O presente é insuficiente, como um período de transição a ser superado. Melhoramos aquilo que não está bom, dando continuidade ao que não está acabado. Esse *dar forma* ao tempo seguinte é a tarefa humana virtuosa por excelência. Aquele que não tem esperança não trabalha, porque não vê no trabalho a possibilidade de modificar nada, como se a vida não tivesse jeito.

XIII * XVI * XIX* XXXI

XVI

ɵ ⇖

Estamos inseridos num conjunto. Portanto, a ética deve levar em conta não apenas minha individualidade, mas também a coletividade da qual faço parte. Uma conduta ética pressupõe alteridade, pressupõe a presença do *outro*. E pressupõe, também, a responsabilidade que tenho sobre este outro e o impacto que minhas ações acarretarão sobre ele. E como pensar este outro senão como todo o conjunto de seres vivos? Porque o conceito ideal de vida deve conter todos os seres em sua multiplicidade e diversidade. Nessa perspectiva ética que o filósofo Hans Jonas chamou de *ética da responsabilidade*, este outro deve ser pensado como o planeta inteiro e cada uma de suas partes, abarcando todas as espécies – animais, plantas e demais formas de vida. Um *outro* que não traduz apenas os seres humanos que conheço ou não, humanos que me cercam ou que estão distantes, mas sim toda manifestação viva, independentemente de sua localização no espaço ou no tempo, posto que de minhas ações seguem consequências que, por vezes, não posso mensurar se me atenho apenas ao tempo presente. É necessário estar consciente de que minhas ações iniciam um movimento que não cessa no instante em que elas ocorrem. Ou mesmo no momento imediatamente posterior a elas. Sou responsável por este outro no presente e no futuro. Porque passado, presente e futuro estão interligados por meio de nossas ações.

II * X * XII * XV * XVIII * XIX * XXXIII

XVII

Não fosse o medo, estaríamos aniquilados como espécie. Parceiro das horas mais difíceis, ele nos ajuda na luta pela sobrevivência. Herança genética de nossos antepassados, o medo ajudou a nos mantermos de pé para criar um futuro em que estejamos sãos e salvos. Sem medo não fugiríamos do perigo, não buscaríamos abrigos nas cavernas e não construiríamos casas. Sem medo não interpretaríamos os raios no céu, as estações do ano e as leis do universo. Não inventaríamos a filosofia e nem a ciência. Não enxergaríamos a vida como uma incessante luta contra a morte.

Sem a sensação de perigo que o medo nos traz, lançaríamos a nós mesmos numa correnteza sem fim e enfrentaríamos o perigo impossível: a fera enorme ou as profundezas do abismo. O medo é nossa segurança. É, portanto, nosso aliado natural na luta pela vida.

Nesse sentido, aquilo que chamamos vulgarmente de covardia não é fraqueza individual, mas característica da espécie. Afinal, é melhor fugir e permanecer vivo do que ser exterminado por aquilo que nos ameaça. Tais considerações talvez nos indiquem que o nosso principal objetivo como espécie humana é proteger nossa integridade física – e que vamos expandindo essa proteção conforme vamos constituindo com os outros uma vida coletiva. O medo constitutivo da espécie nos conduz, também naturalmente, à instituição de uma segurança que possa ser compartilhada: à invenção da sociedade.

XIII * XXII

XVIII

A esperança de acabar com os corruptos no sistema político é vã. A corrupção é um sintoma e não a causa do mal. A caça aos dirigentes desonestos é somente um analgésico que alivia a dor, um simples paliativo.

Corrupção tem origem latina: *corruptio* significa romper e *onis* significa unidade – acabar com o todo, deteriorar um ser. Penalidades severas eram administradas àqueles que comprometiam o bem-estar de seus compatriotas em nome dos próprios interesses. Um crime contra o próximo, contra a humanidade.

Por causa da corrupção pessoas morrem em hospitais. Crianças não são educadas corretamente. O transporte público se torna pouco eficiente. A segurança pública, frente à precariedade, inexiste.

Cidadãos excluídos de uma democracia que só existe no papel.

Mas por que esperança vã? Por buscarmos punir os corruptos e ignorarmos sua causa: os corruptores. Aqueles que buscam aliciar os homens públicos propondo e aceitando subornos, fraudando licitações, pedindo privilégios, aceitando favores pessoais em troca de benefícios e, principalmente, sonegando impostos.

Quem não paga ao Estado fica devendo à sociedade, pois sobrecarrega aqueles que pagam. Utilizam benefícios públicos, mas não contribuem.

Corrupto é também aquele que descobre, mas não denuncia. Torna-se cúmplice desta desumanidade por interesse ou covardia.

A esperança de honestidade pública desaparece com os cidadãos, principais corruptores.

X * XIX* XXVIII

XIX

Muitos se incomodam ao ver pessoas usando e humilhando outras. Talvez porque constatemos que há quem se utilize dos seus semelhantes como quem usa um objeto. Podemos classificar tal desvio de conduta como uma infração ao princípio de *dignidade da pessoa humana.*

Apesar de reprovável, deparamo-nos com esse desrespeito diariamente – muitas vezes sem percebê-lo. Empresas utilizam crianças enfermas em anúncios para promover as vendas, aproveitam tragédias naturais para construir um marketing de responsabilidade social, lucram com doações e abatimentos fiscais. Há os que se aproveitam da miséria para entregar suprimentos: melhoram a imagem pública para conseguir votos. Tais vampiros utilizam a destruição do outro para tirar benefício, e comumente são por nós aplaudidos: os chamamos distraidamente de "responsáveis".

Mas podemos, nós também, usar o outro como quem usa um objeto, sem termos consciência disso: quando reclamamos do garçom que julgamos pago para atender nossos desejos sorrindo, quando flertamos ou saímos com uma pessoa para causar ciúmes em outra, quando utilizamos a sedução para obter benefícios no trabalho ou para suprir carências afetivas sem se importar com sentimentos alheios.

Exercitar a empatia é um modo de desconstruir esta lógica da submissão. Cristo ou Kant nos questionariam: – Gostaria que alguém se utilizasse de sua fraqueza ou boa vontade para usá-lo e explorá-lo?

VII * X * XII * XIII * XVIII * XXI
XXIII * XXX * XXXI * XXXII

XX

O medo é o irmão mais velho da esperança. Ambos possuem uma mesma mãe, o desejo, e uma mesma cobiça, o futuro. Sentimentos distintos, mas entrelaçados por uma lógica afetiva.

Geralmente definimos o medo como uma expectativa de encontro com um mundo hipoteticamente triste. Damos como certa uma fantasia de uma vivência entristecedora, como o possível término de um namoro após uma briga, a perda do trabalho em uma crise econômica, o mau desempenho em uma prova por não ter estudado bastante ou a morte de um ente querido em estágio avançado de câncer. Como não temos certezas, cabe sofrermos com a expectativa de que algo ruim aconteça.

Em oposição ao medo, definimos a esperança como uma expectativa de encontro com um mundo hipoteticamente alegre. É a crença em um sonho alegre que está por vir, como a esperança de se casar com quem namoramos, como o da promoção por metas alcançadas ou a alegria com o filho que está por nascer. Desejamos uma boa vida no porvir, e a esperança mantém nossas decisões visando um futuro que valha a pena.

Afetos tão divergentes nos fazem viver na expectativa de um futuro hipotético, que não podemos controlar. Por isso, medo e esperança necessariamente nos angustiam pela ignorância e nos alienam da vida presente. A vida com medo acompanha a esperança de que não ocorra a tristeza, e a vida com esperança carrega o medo de não se concretizar uma possível alegria.

XIV * XXVII * XXXII

XXI

Diz-se dos nascidos sob o signo de escorpião que são os mais vingativos do zodíaco. O escorpiano, também o mais justo, acredita num tipo de justiça marcial – que é assim chamada porque está relacionada a Marte, o deus da guerra. Para quem se conduz sob os auspícios do confronto, a justiça não se obtém por vias diplomáticas, mas somente através do combate nos campos de batalha. Mas se para o soldado a luta é o fim de uma tragédia anunciada – em que atacamos, mas principalmente nos defendemos –, para o escorpiano a derrota não significa um término. Rendido, não se deixará vencer no tempo presente – sabe dos dias vindouros e da possibilidade de desforra. Sua sede de vingança é paciente. O escorpiano não tem pressa. Associa futuro a possibilidade.

E acredita que o melhor prato é aquele que se come frio: nem sempre é necessário o calor dos campos de batalha para terminar uma luta. Os trocos e débitos têm lugar no futuro para quem os sabe aguardar. E o mundo dá os meios para que a restituição do que foi tomado efetivamente aconteça. Justiça e esperança são termos correlatos quando associados a este anseio de vingança. Como um ímpeto que se guarda, pacientemente, até o momento em que possa finalmente emergir, com toda sua força. Não há sofrimento, calor ou sudorese – essa frieza está assentada nos estratagemas de uma única certeza: a hora dos credores virá para sanar todos os débitos.

X * XIX * XXVIII * XXXI

XXII

ϴ

Agimos conforme nossa natureza. Estamos presos a esta condição. De modo que toda deliberação ética é um equívoco. Não é possível pensar a ação humana a partir da razão ou do pensamento. A consciência é apenas um efeito colateral, um fenômeno paralelo, gerado pelos nossos impulsos e instintos. Somos escravos de nossas pulsões e agimos conforme o que nos ordenam. Não há vontade livre, portanto. Não há ação livre, posto que não podemos agir contrariando nossa constituição original.

A parábola do escorpião que atravessa o rio sobre as costas de um sapo ilustra bem esta posição: vendo a água subir durante uma enchente, o escorpião pediu ao sapo que o atravessasse para o lado seguro e seco da outra margem do rio. O sapo, desconfiado do escorpião, recusou-se, argumentando que não queria ser picado por um ferrão. O escorpião, para acalmar o sapo, racionalmente explicou que se o picasse com seu ferrão ambos afundariam no meio das águas. Convencido dos argumentos do escorpião, e seguro que o escorpião não desejava causar a própria morte, mas apenas salvar-se e manter-se vivo, o sapo resolveu conduzi-lo sobre suas costas até o outro lado. Mas o escorpião, no meio do caminho, picou o sapo. Desesperado, o sapo clamava enquanto ia afundando: – Por que fez isso, não sabes que irá morrer junto comigo? Ao que o escorpião lhe contestou: – Não posso negar minha própria natureza!

XXIII

O medo é uma ficção do pensamento. Isto significa que o medo não pode ser algo real em si mesmo. De modo que o temor não é algo palpável ou *objetivo* – e nem pode sê-lo, às ameaças palpáveis e visíveis damos o nome de *perigo*. Assim, só pode haver medo em nossa subjetividade. Podemos entender o medo como fruto de nossa imaginação.

Embora habite nossa subjetividade, existe, no aprendizado do medo, uma relação com o mundo objetivo. Quando sentimos tão pungentes o temor e o medo, fazemos uma ponte entre a *objetividade* e a *subjetividade* usando como ferramentas o poder de nossa *racionalidade* e o poder de nossa *imaginação*. Dizer que neste processo há um aprendizado é o mesmo que dizer que o medo não nos é uma sensação inata.

Criamos e cultivamos o medo porque aprendemos do mundo, através das relações entre seus objetos, o conceito de *causalidade*. Compreendemos que uma coisa leva à outra, e que existem certas causas para determinadas consequências.

Utilizamos esse aprendizado das relações causais e transferimos essas relações para o mundo subjetivo no qual também habitamos. Acreditamos que determinadas coisas reais podem ser causas de malefícios irreais, ameaças imaginadas ou fantasias de nossa mente criadora – é neste momento que fazemos surgir em nós a expectativa de que algo ruim nos aconteça. Ter medo é viver essa apreensão total, no encontro do sujeito com o seu racional delírio.

XIV * XXVIII

XXIV

Debaixo da árvore de Natal as crianças contemplam o piscar das luzes, sobre o presépio e seus símbolos místicos, na esperança de receber os presentes. A mente pueril fantasia, e a ansiedade reina, nesta época do ano.

Os desejos em relação aos presentes começam um mês antes. Surge a preocupação de passar de ano na escola – fórmula consagrada para agradar o "bom velhinho". Há o passeio com os pais em busca de uma bela árvore de natal. Compram-se gostosuras para a ceia. Visitam-se lojas para fazer, pessoalmente, os pedidos ao Papai Noel. Assiste-se, em família, a um filme sobre um Natal cheio de amor e mensagens bonitas. Na igreja, as crianças escutam a história do nascimento de Cristo: um homem bom, cercado de anjos, salvador da humanidade, que nasceu em um estábulo e ganhou presentes de três reis magos.

Na noite de Natal toda família se reúne. A euforia cresce com a chegada dos parentes e das outras crianças. Brincadeiras, comidas e expectativas. Depois da ceia, os presentes. Dificilmente se ganha o que se quer. Quem sabe, no próximo Natal, consigam o que desejaram... Esperanças renovadas para uma próxima festa.

Toda criança percebe em seu íntimo que o melhor do Natal não está nos presentes, mas nas expectativas e rituais que se repetem nessa data tão especial. É quando a esperança se torna boa nela mesma, não se restringindo à conquista daquilo que se deseja.

XXV

O medo é um obstáculo à ética, porque paralisa a ação. E se não podemos agir, então estamos apartados de nossas escolhas, isto porque se não há ação não há possibilidade, não há devir.

Uma ação paralisada se configura como uma prisão no tempo presente. Estar preso é não poder prosseguir, é não ir adiante porque estamos acorrentados a nós mesmos. E se entendemos o pensamento como um modo de ação, concluímos que estar preso é manter em cativeiro nossa alma, é impedir o fluxo de nossas ideias e romper com a perspectiva de alteração e transformação. Estar preso é continuar a estar preso. É estar incapaz, pela circunstância que nos é imposta pelo próprio medo, de deixar de ter medo. É aniquilar a ideia de futuro como algo diferente. É impedir que a ideia de futuro, como algo libertador, seja realizada. E assumir que a prisão do sono, ou daquele que sonha preso em uma cama, é a única realidade possível. Presos e amordaçados, como deliberamos? Como escolhemos se estamos intimidados, se temos medo de caminhar adiante?

Ter medo é como se deparar num labirinto espiralado, e se ver como quem escorre num ralo, mas sem poder ir embora, sem conseguir escapar para longe do redemoinho de eternas repetições.

Estar com medo é o mesmo que estar morto.

XIII * XXVII * XXVIII

XXVI

ϴ

Agir conforme a ética não se aprende, não se entende, não se reflete – se faz. O comportamento virtuoso não se ensina, dizia Sócrates. Sempre pode haver um mentiroso ou um corrupto conhecedor e defensor dos valores éticos. A virtude surge da prática, defendia Aristóteles. O bom caráter advém de um hábito incorporado pelos costumes e experiências advindos da infância.

Quase todas as tarefas corriqueiras da vida nós as fazemos sem pensar. Andamos de bicicleta, dirigimos carros, cozinhamos, escrevemos e nos portamos à mesa de forma automática, como se fosse natural. Nossas ações e deliberações morais também são frutos de uma vivência contínua, de uma prática repetida que se torna arraigada.

Em vão se ensina ética com o propósito de melhorar o caráter de um aluno. Pensar no outro antes de agir advém do costume e não da razão. Respeito, coragem, justiça e prudência não se ensinam em salas de aula, são valores experimentados e praticados desde pequenos na constatação e na imitação das condutas familiares. Os filhos pagam pelos pecados dos pais, já diziam os profetas bíblicos Moisés e Ezequiel.

Estudar ética é como estudar nosso primeiro idioma, serve para lapidar e aperfeiçoar aquilo que já praticamos.

V * VI * XIII * XXII * XXV
XXVIII * XXXI * XXXII * XXXIII

XXVII

No Inferno, Dante e o poeta Virgílio leem a advertência: “Deixai toda a esperança, ó vós que entrais!” O primeiro castigo divino pelos pecados seria renunciar as expectativas de que algo bom aconteceria depois da morte. Mas seria esta punição, concebida pelos poetas, a mais trágica concebida por Deus?

Para aqueles que se destinam ao sofrimento eterno, não existe a possibilidade de alcançar a felicidade no Céu. O terror tomaria conta das almas que não merecem mais a misericórdia, segundo a alegoria apresentada por Dante. Porém, ao ter certeza de que não haveria mais dias bons, algum tipo de tortura seria eficaz aos pecadores ali punidos? Não se desligariam eles do sofrimento e deixar-se-iam levar pelas torturas sem se importarem?

Um famoso filósofo francês, André Comte-Sponville, sugeriu uma releitura da clássica Comédia, pondo uma sádica advertência na entrada do Inferno: “Enchei-vos de Esperança, ó vós que entrais!” Gerar expectativas de um futuro melhor é uma forma de tortura mental muito eficaz. Condenaria todos os pecadores a viver o sofrimento com a crença numa salvação que jamais viria.

Sábia é a doutrina de Buda, para quem o estado ausente de sofrimentos depois da morte, o Nirvana, é um reconfortante lugar onde desaparecem desejo e esperança. Pela lógica, o Paraíso de Dante deveria ser um convite para a paz da salvação sem possibilidade de entristecimento com expectativas.

III * IX * XXI * XXXII

XXVIII

ϴ

É nosso raciocínio que nos mostra como devemos agir. Conduzimos nossas ações através de nosso pensamento. Por isso, somos seres éticos, pois deliberamos sobre nossos atos. E somos capazes de tal façanha, pois podemos prever ou simular o modo como nossos atos irão afetar o mundo – e os outros seres que nele vivem.

É por isso que agir envolve planejamento e projeção. Podemos dizer então que toda ação humana é um projeto, no sentido de projetar-se, de lançar-se para uma consequência futura ou para uma realização subsequente.

Se a capacidade que temos de prever as consequências de nossos atos – algo que fazemos graças a nossa capacidade de imaginar e raciocinar – depende de nossas opções, também o modo como nos conduzimos neste mundo – a nossa conduta – envolve a capacidade de fazer escolhas. Viver é deliberar.

E se viver é deliberar, não vivemos numa ilha e nem somos uma ilha. Vivemos numa dimensão em que escolhemos nossas ações com base no impacto que elas têm sobre o outro e sobre o ambiente. Deliberamos para poder escolher entre o que é melhor e o que é pior, e escolhemos tomando como base aquilo que causará o maior benefício possível para todos.

E é apenas através do pensamento que estabelecemos o que é melhor para nós e para aqueles que conosco compartilham a experiência de estar no mundo. Não agimos por instinto apenas: nossas escolhas são mediadas pela nossa razão.

V * XI * XIII * XVIII * XIX
XXVI * XXIX * XXX * XXXIII

XXIX

Mais um dia de estafa. O encontro com a pessoa amada tensiona os músculos. Nervos controlam impulsos. A respiração intensa e o suor tentam esfriar o sangue. A cabeça viaja, dói com tantos pensamentos em conflito. Terror e desejo se enfrentam. Surge a queda da autoestima, emerge a insegurança – sintomas do medo frente ao amor que sentimos.

Doloroso coração apaixonado que se sente amedrontado pelo encontro com o outro. Que teme um não como se teme a amputação de um membro ou a morte de um ente querido, e imagina a rejeição como o prelúdio da morte de sua própria interioridade. Enquanto o coração vai corajoso por insistir na pessoa que deseja, a cabeça recua covarde impedindo o amante de se revelar para a amada. Situação paradoxal de um ser dividido e mutante que vive um dilema existencial.

Eis o paradoxo deste amor imaginado: como se pode amar um ser idealizado, como um anjo alado, e ao mesmo tempo temer a possibilidade dessa nobre criatura lhe desferir o golpe fatal do escárnio? Como pode um suposto monstro perverso, fantasia do amante que vive em desespero, zombar das frustrações de um autêntico amor e ser, ainda assim, desejado?

No limite entre a realidade e a fantasia, o medo que triunfa sobre o amor se justifica na lógica irracional de um sujeito criativo, mas reprimido – que vivencia estes sentimentos, de modo sofrido, na forma de um grave dilema.

I * IV * XII * XXVI

XXX

Quem duvida não tem fé. E quem não tem fé é incapaz de dedicar-se ao mundo e ao outro com amor. A tripla junção de fé, esperança e amor, presente no texto bíblico, não é, portanto, trivial. São pilares de uma vida justa, de uma vida boa. A segurança de viver sob um desígnio, em um plano maior que por vezes desconhecemos, é que dá a fé sua solidez. Se a dúvida lhe afasta de seu destino – que pode ser vislumbrado como um destino virtuoso – a fé o recoloca no caminho. O agir depende desta convicção, de que é possível realizar o milagre da vida. E que se há milagres, não há limites para a felicidade. A esperança só pode realizar-se como esperança de ser feliz. E que tipo de felicidade seria para nós e em nós possível? A felicidade do encontro com o amor em seus vários matizes. Esperança e amor se retroalimentam, e juntos são sustentados pela fé. Da fé brota a certeza de poder viver um futuro com o outro, a fé num destino irmanado, de se pôr junto com aquele a quem se ama – no sentido amplo, de nos amarmos a todos como irmãos e irmãs; e no sentido restrito, de amarmos um parceiro ou parceira. Do amor brota a doação, no sentido de entregar-se ao outro dando a si mesmo sem pedir nada em troca. Neste instante a fé, que reúne tudo, se confunde com a caridade – pois é certeza de realização plena. Entrega-se é o caminho para a certeza.

XXXI

ϴ

As pessoas se encontram, se percebem, se tocam, se avaliam. Cada um com suas sensações e expectativas. Momento em que os valores aparecem e são refletidos. Mas o que, afinal, determina o bom e o ruim – ou o prazeroso e o doloroso – para o ser humano?

Há quem defenda os valores como algo externo ao mundo em que vivemos. Os valores seriam oriundos de outras galáxias, do Olimpo ou do Paraíso. Onde *certo e errado, belo e feio* são parâmetros que classificam o mundo segundo ideias perfeitas preexistentes.

Na ausência de uma constatação dos valores perfeitos, há os que acreditam no valor como produto da relação dos corpos com o mundo. Somos seres afetivos e, como tal, avaliaríamos o mundo pela capacidade que ele tem de nos fazer alegres ou tristes. Tudo o que alegra é correto, belo e bom. Já o que nos entristece é errado, feio e mau.

Existem os que defendem o valor como uma construção social. Determinado pela educação, religião e trabalho. Cada sociedade valora o homem e suas ações de uma maneira, sendo que o *bom* e o *ruim* são frutos de uma forma de dominação imposta por uma elite.

Por fim, há os filósofos céticos que demonstram que há argumentos convincentes e incoerentes nessas três perspectivas. Porém, não procuram oferecer uma resposta. Afinal, o ser humano viveu até hoje sem valores certos e absolutos, por que então deveríamos buscar e defender atributos universais para classificar o mundo?

IV * X * XIX * XXVI
XXVIII * XXX * XXXII * XXXIII

XXXII

Só existe coragem quando existe medo. Se não sentimos perigo ao ler este livro, não precisamos nos preocupar com uma possível agressão contra nós. Não há bravura necessária durante a leitura – ao menos *nesta* leitura. Apenas em estados em que o receio é predominante é que os atos de coragem ocorrem.

Podemos questionar todo tipo de ato considerado corajoso se o protagonista não conhece as dimensões do perigo. Aquele que entra em uma enchente ou em um incêndio sem ter consciência da gravidade da situação, por exemplo, é um indivíduo imprudente e não um corajoso. Quem não conhece o perigo não teme ao agir, logo, não sabe que está se arriscando.

Também não podemos considerar corajoso aquele que enfrenta situações classificadas como perigosas estando protegido. É como entrar em uma área sujeita a tiros em um carro blindado, apostar uma pequena quantia de dinheiro na bolsa de valores em período crítico ou bancar o super-herói contra os bandidos sendo vulnerável somente à *criptonita*. Não existe coragem quando o caminho é seguro.

A coragem é uma reação frente ao medo conhecido e possível. Como o bombeiro que estudou o suficiente para saber que pode morrer de várias maneiras em um incêndio ou em uma enchente – e mesmo assim se arrisca, pondo em risco sua vida para salvar outras. Um ato corajoso precisa de um homem amedrontado, disposto a enfrentar um destino que pode ser doloroso.

VII * XIII * XIV * XIX * XXXI

XXXIII

Diante dos bons costumes, vemos atrocidades. Não todo dia, mas também não raramente. Homens machucam outros homens por prazer, por ignorância ou alegando necessidade. Mas o que nos faz insistir na ética? Na vida ao lado dos outros? Uma necessidade mútua regulada por uma ética do medo coletivo? Ou a esperança na evolução da humanidade?

O medo como elemento fundador dos costumes e legalidades foi defendido por pensadores que enxergam o ser humano como um animal essencialmente egoísta, antissocial, preocupado somente com seus próprios prazeres e necessidades. Fera que vive para si e que só aprendeu a respeitar o outro por temer sua própria espécie. Ética como prisão pessoal, baseada na esperança compartilhada da não agressão.

Porém, nem todos concordam que nossos valores morais nos defendem de nossa natureza. Afinal, continuamos a ter medo dos homens em sociedade. Mas, se todos somos naturalmente sociáveis, por que surgiu a ética? Pelo simples fato dos instintos mais básicos não desenvolverem todas as nossas potencialidades.

Hoje, globalizamos parâmetros de conduta para atingir sonhos cada vez mais audazes, tendo que se relacionar com comunidades diferentes, na esperança de criar sociedades que propiciem vida longa, próspera e tranquila.

Seja por receio da barbárie, seja por fé na humanidade, autores e leitores deste livro compartilham medos e esperanças, mesmo que não concordem sobre os valores para agir perante os dilemas éticos que enfrentamos todos os dias.

TODOS.

OS AUTORES

Arthur Meucci

Bacharel, licenciado e mestre em Filosofia pela USP, doutorando em Educação, Arte e História da Cultura pelo Mackenzie, formado em Psicanálise pelo IBCP, com ênfase em Psicanálise de Casal e Família pelo Sedes Sapientiae. É professor-conferencista de Ética e Ciência Política na Escola de Comunicação e Artes da USP, consultor e conferencista do Espaço Ética e psicanalista do Espaço Psicanalítico Integra. É membro da Associação Filosófica Scientiae Studia e da Academia Peruibense de Letras. Em coautoria com Clóvis de Barros Filho escreveu o livro *A vida que vale a pena ser vivida*, pela Vozes.

Flávio Tonnetti

Bacharel, licenciado e mestre em Filosofia pela USP, doutorando em Educação pela mesma instituição, com tese sobre educação e tecnologia. Coordenou curso de graduação na rede privada e atuou como professor de diversas instituições de Ensino Médio e Superior. Foi professor-visitante na Universidade Nacional de Timor-Leste, integrando projeto internacional de cooperação. Como gestor educacional, trabalha na Faculdade Messiânica com edição e supervisão de conteúdo didático, além de prestar consultoria para implementação de cursos na modalidade de educação a distância. Edita o site ensino.blog.br